国家示范性高等职业院校优质核心课程改革教材

建筑工程资料管理

主　编　杨晓敏
主　审　黄　华

人民交通出版社

内容提要

本书是国家示范性高等职业院校优质核心课程改革教材。该书以一个真实工程项目为主线，按项目工作程序设计了开工前准备阶段资料、施工阶段资料及竣工阶段资料三个学习情境。

本书可作为高等职业技术院校建筑工程技术专业学生教材，也可用作相关技术人员的参考用书。

图书在版编目(CIP)数据

建筑工程资料管理/杨晓敏主编. --北京:人民交通出版社,2010.12

ISBN 978-7-114-08797-4

I. ①建… II. ①杨… III. ①建筑工程-技术档案-档案管理-高等学校:技术学校-教材 IV. ①G275.3

中国版本图书馆 CIP 数据核字(2010)第 240471 号

书　　名: 国家示范性高等职业院校优质核心课程改革教材
建筑工程资料管理
著 作 者: 杨晓敏
责任编辑: 戴慧莉
出版发行: 人民交通出版社
地　　址: (100011) 北京市朝阳区安定门外外馆斜街 3 号
网　　址: http://www.ccpress.com.cn
销售电话: (010) 59757973，59757969
总 经 销: 人民交通出版社发行部
经　　销: 各地新华书店
印　　刷: 北京鑫正大印刷有限公司
开　　本: 787×1092　1/16
印　　张: 4.5
字　　数: 94 千
版　　次: 2011 年 1 月　第 1 版
印　　次: 2012 年 8 月　第 3 次印刷
书　　号: ISBN 978-7-114-08797-4
定　　价: 12.00 元

四川交通职业技术学院
优质核心课程改革教材编审委员会

序 *Xu*

为贯彻教育部、财政部《关于实施国家示范性高等职业院校建设计划，加快高等职业教育改革与发展的意见》(教高【2006】14 号)和《关于全面提高高等职业教育教学质量的若干意见》(教高【2006】16 号)精神，作为国家示范性高等职业院校建设单位，我院从 2007 年开始组织探索如何设计开发既能体现职业教育类型特点，又能满足高等教育层次需求的专业课程体系和教学方法。三年来，我们先后邀请了多名国内外职业教育专家，组织进行了现代职业技术教育理论系统学习和职业技术教育课程开发方法系统的培训；在课程开发专家团队指导下，按照"行业分析，典型工作任务，行动领域，学习领域"的开发思路，以职业分析为依据，以培养职业行动能力为核心，对传统的学科式专业课程进行解构和重构，形成了以学习领域课程结构为特征的专业核心课程体系；与企业专业技术人员共同组成课程开发团队，按照企业全程参与的建设模式、基于工作过程系统化的建设思路，完成了 10 个重点建设专业(4 个为中央财政支持的重点建设专业)核心课程的学材、电子资源、试题库、网络课程和生产问题资源库等内容的建设和完善，在课程建设方面取得了丰厚的成果。

对示范院校建设工程而言，重点专业建设是龙头；在专业建设项目中，课程建设是关键。职业教育的课程改革是一项长期艰苦的工作，它不是片面的课程内容的解构和重构，必须以人才培养模式创新为核心，实训条件的改善、实训项目的开发、教学方法的变革、双师结构教师团队的建设等一系列条件为支撑。三年来，我们以课程改革为抓手，力图实现全面的建设和提升；在推动课程改革中秉承"片面地借鉴，不如全面地学习"，全面地学习和借鉴，认真地研究和实践；始终追求如何在课程建设方面做出中国特色，做出四川特色，做出交通特色。

历经 1 000 多个日日夜夜的辛劳，面对包含了我们教师团队心血，即将破茧的课程建设成果的陆续出版，感到几分欣慰；面对国际日益激烈的经济的竞争，面对我国交通现代化建设的巨大需求，感到肩上的压力倍增。路漫漫其修远兮，吾将上下而求索！希望更多的人来加入我们这个团结、奋进、开拓、进取的团队，取得更多更好的成果。

在这些教材的编写过程中，相关企业的专家给予了很多的支持与帮助，在此谨表示衷心的感谢！

四川交通职业技术学院院长

前　言

建筑工程资料始于建筑工程的开端，合同管理贯穿工程始终。建筑工程资料是建筑工程的永久性技术文件，它全面地反映了建筑工程质量状况，是建设单位在生产和使用中对建筑工程进行维修、改建、扩建的重要依据，也是建筑工程进行竣工验收和竣工核定的必备条件，还是城建档案的重要组成部分。招投标与合同管理工作，是建筑工程技术专业高职毕业生就业后将要从事的主要工作，是走上技术负责、责任工长等管理岗位的工作内容之一，对学生职业能力的培养和职业素养的养成起主要支撑或明显促进作用。通过对生产一线资料员、招投标人员、合同管理员、监理员等岗位工作的调查分析，我们遵循学生职业能力培养的基本规律，以真实的工作任务及其工作过程为依据，整合教学内容，编写了《建筑工程资料管理》这门课程的教学用书。

该书以一个真实建筑工程项目为主线，按项目工作程序设计了三个学习情境，共7个工作任务。第一个学习情境是开工前准备阶段资料；第二个学习情境是施工阶段资料，涉及5个工作任务，即监理管理资料，工程施工技术管理资料，质量验收与控制资料，进度与造价控制资料，合同管理资料；第三个学习情境是竣工阶段资料。学习本课程后，学生应具备资料员、招投标人员、监理员、合同管理员等岗位能力。

本书由杨晓敏主编，中国建筑第三工程局有限公司第一公司高级工程师、项目经理黄华主审。学习情境一和学习情境二的任务一、任务二由杨晓敏、李燕编写，学习情境二的任务三至任务五和学习情境三由杨晓敏、鲁佳婧编写。在本书的编写过程中，得到了武汉建工股份有限公司王晓经理，重庆建工集团有限责任公司李伟经理，四川华西集团有限公司邓洪经理，中国成达工程公司蒋洪斌高工的大力支持和帮助，在此表示衷心的感谢。

由于编写时间仓促和经验不足，该学材还存在很多问题，敬请大家指教。

编　者

2010年10月

目　　录

学习情境一　开工前准备阶段资料

一、任务描述

某建设单位准备投资约 6 700 万元人民币，建造一栋建筑面积约 40 000m^2 的购物中心，目前的任务是完成此购物中心土建施工工程准备阶段文件的收集与归档。

二、学习目标

通过本学习任务的学习，你应当：

1. 能按照正确的方法和途径，落实工程准备各个阶段的文件内容，收集相关信息；
2. 能按照建筑工程资料管理规程完成相应的表格填写和文件的收集与归档；
3. 通过完成该任务，提出后续工作建议，完成自我评价，并提出改进意见。

三、任务实施

（一）任务引入

引导问题：想建设一个项目，前期准备需要收集哪些阶段的文件和资料？

1. 完成本次任务的前提条件是什么？

2. 工程准备分为哪几个阶段？其先后顺序是什么？

3. 这几个阶段的具体文件有哪些？

（二）学习准备

引导问题：前期准备文件的收集应从哪些方面进行知识准备？

(三)任务实施

【案例1】

某引水式水电站工程,装机容量5 000kW,引水隧洞约3.2km,首部枢纽为混凝土闸坝,电站为地面式厂房。国土局确认建设用地范围。总投资2 000万元,由四川水电勘察设计院进行勘察、设计。在招标时将引水隧洞划分为3个标段,闸坝部分基础处理单独招标,厂房部分作为一个标段进行招标。因此,整个工程共分成了6个标段,招标中共有4家单位中标。报建筑工程质量监督站备案后开始施工。

引导问题1:案例1中的建设单位在项目准备阶段应完成哪些准备工作?

引导问题2:根据案例1中项目情况,填写表1-1,完成招标准备工作。

工程准备阶段文件完成记录表　　表1-1

序号	工作内容		工作记录
1	决策立项阶段		
2	建设用地、征地、拆迁阶段		
3	勘察设计阶段		
4	招投标阶段		
5	开工审批文件阶段		
6	质量监督手续阶段		
7	财务文件		

引导问题 3:根据案例 1 中项目情况,填写表 1-2,完成工程准备阶段的建设用地规划许可证审批文件。

建设用地规划许可证审批表　　表 1-2

以下由申请单位填写

<table>
<tr><td rowspan="3">建设单位</td><td>名称</td><td></td><td>法人代表姓名及联系电话</td><td></td><td rowspan="3">建设单位盖章</td></tr>
<tr><td>邮编</td><td></td><td>联系人姓名及联系电话</td><td></td></tr>
<tr><td>地址</td><td colspan="3"></td></tr>
<tr><td rowspan="5">建设项目规划选址及计划立项情况</td><td colspan="2">项目名称</td><td colspan="3"></td></tr>
<tr><td colspan="2">选址意见书编号</td><td colspan="3"></td></tr>
<tr><td colspan="2">立项批准文件名称及编号</td><td colspan="3"></td></tr>
<tr><td colspan="2">立项审批机关</td><td colspan="3"></td></tr>
<tr><td colspan="2">项目位置</td><td colspan="3"></td></tr>
<tr><td rowspan="5">建设项目用地情况</td><td colspan="2">用地面积(m^2)</td><td></td><td>建筑面积(m^2)</td><td></td></tr>
<tr><td colspan="2">征用土地面积(m^2)</td><td></td><td>使用土地面积(m^2)</td><td></td></tr>
<tr><td colspan="2">土地范围</td><td colspan="3"></td></tr>
<tr><td colspan="2">用地范围</td><td colspan="3">东至:　　西至:
南至:　　北至:</td></tr>
<tr><td colspan="2">拆迁情况</td><td colspan="3"></td></tr>
</table>

上级主管部门意见:

(盖章)

年　月　日

引导问题 4:根据案例 1 中项目情况,填写表 1-3,完成建筑工程项目报建登记表。

建筑工程项目报建登记表　　表 1-3

报建审字第　　号

<table>
<tr><td>建设单位名称</td><td></td><td>单位地址</td><td></td></tr>
<tr><td>工程名称</td><td></td><td>建设地点</td><td></td></tr>
<tr><td>建设规模</td><td></td><td>总投资</td><td></td></tr>
<tr><td>资金来源</td><td></td><td>拟定发包方式</td><td></td></tr>
<tr><td colspan="4">投资计划文号</td></tr>
<tr><td>投资许可证</td><td></td><td>计划开竣工日期</td><td></td></tr>
<tr><td rowspan="6">工程筹建情况</td><td>建设用地</td><td colspan="2"></td></tr>
<tr><td>拆迁</td><td colspan="2"></td></tr>
<tr><td>勘察</td><td colspan="2"></td></tr>
<tr><td>设计</td><td colspan="2"></td></tr>
<tr><td>负责人</td><td colspan="2"></td></tr>
<tr><td>经办人</td><td colspan="2"></td></tr>
</table>

续上表

建设单位意见	（盖章） 年　月　日
所属主管部门意见	（盖章） 年　月　日
建设行政主管部门意见	（盖章） 年　月　日

提示：

报建程序如下。

(1)建设单位到建设行政主管部门或其授权机构领取《工程建设项目报建表》；

(2)按报建表的内容及要求认真填写；

(3)有上级主管部门的需经其批准同意后，一并报送建设行政主管部门，并按要求进行招标准备；

(4)工程建设项目的投资和建设规模有变化时，建设单位应及时到建设行政主管部门或其授权机构进行补充登记。筹建负责人变更时，应重新登记。

凡未报建的工程建设项目，不得办理招投标手续和发放施工许可证，设计、施工单位不得承接该项工程的设计和施工任务。

引导问题5：项目建议书的具体内容是什么？请针对案例1中项目情况简单编写一份项目建议书。

引导问题6：招标文件的分类及其主要内容是什么？

引导问题7：投资估算资料涉及哪些费用？

资料链接 1

建筑工程质量监督注册登记表，如表 1-4 所示。

建筑工程质量监督注册登记表 表 1-4

<table>
<tr><td>工程名称</td><td colspan="5"></td></tr>
<tr><td>工程地点</td><td colspan="3"></td><td>建设形式</td><td></td></tr>
<tr><td>结构类型</td><td colspan="3"></td><td>建筑面积(m^2)</td><td></td></tr>
<tr><td>建筑层数</td><td colspan="3"></td><td>工程造价(万元)</td><td></td></tr>
<tr><td>计划开工日期</td><td colspan="3"></td><td>计划竣工日期</td><td></td></tr>
<tr><td>建设单位名称</td><td colspan="5"></td></tr>
<tr><td rowspan="2">施工单位名称</td><td rowspan="2"></td><td rowspan="2">电话号码</td><td rowspan="2"></td><td>资质等级</td><td></td></tr>
<tr><td>资质证书号</td><td></td></tr>
<tr><td rowspan="2">施工单位项目经理</td><td colspan="3" rowspan="2"></td><td>资质等级</td><td></td></tr>
<tr><td>资质证书号</td><td></td></tr>
<tr><td rowspan="2">监理单位名称</td><td rowspan="2"></td><td rowspan="2">电话号码</td><td rowspan="2"></td><td>资质等级</td><td></td></tr>
<tr><td>资质证书号</td><td></td></tr>
<tr><td>总监理工程师</td><td colspan="3"></td><td>资质证书号</td><td></td></tr>
<tr><td rowspan="2">勘察单位名称</td><td rowspan="2"></td><td rowspan="2">电话号码</td><td rowspan="2"></td><td>资质等级</td><td></td></tr>
<tr><td>资质证书号</td><td></td></tr>
<tr><td>注册岩土工程师</td><td colspan="3"></td><td>资质证书号</td><td></td></tr>
<tr><td rowspan="2">设计单位名称</td><td rowspan="2"></td><td rowspan="2">电话号码</td><td rowspan="2"></td><td>资质等级</td><td></td></tr>
<tr><td>资质证书号</td><td></td></tr>
<tr><td>项目注册建筑师</td><td colspan="3"></td><td>资质证书号</td><td></td></tr>
<tr><td>项目注册结构师</td><td colspan="3"></td><td>资质证书号</td><td></td></tr>
<tr><td>监督单位名称</td><td colspan="5"></td></tr>
<tr><td>监督注册登记号</td><td colspan="3"></td><td>其他</td><td></td></tr>
</table>

建设单位(盖章)　　法人代表:　　项目负责人:

电话:　　年　月　日

说明：本表一式 7 份，5 份由建设单位分发给有关单位，余下 2 份由质量监督部门留存。

引导问题 8：阅读资料链接 1，完成以下问题。

(1)建设单位办理建筑工程质量监督注册登记时，应提交哪些文件和资料？

(2)质量监督手续中还需要什么资料？怎样将其完善？

引导问题9：检查本次工程准备过程中所需资料是否齐全，完成表1-5的填写。

工程准备资料清查表 表1-5

文件 （对照各个阶段文件内容及格式要求）	完成时间	责任人	任务完成则画“✓”
			□
			□
			□
			□
			□
			□
			□
			□
			□
			□
			□
			□
			□
			□

四、任务评价

1. 完成表1-6的填写。

任务评价表 表1-6

考核项目	分数			学生自评	小组互评	教师评价	小计
	差	中	好				
是否具备团队合作精神	1	3	5				
是否积极参与活动	1	3	5				
工作过程安排是否合理规范	2	10	18				
陈述是否完整、清晰	1	3	5				
是否正确灵活运用已学知识	2	6	10				
是否遵守劳动纪律	1	3	5				
此次工程资料内容的准备是否满足任务要求	2	4	6				
此次资料内容的收集是否准确	2	4	6				
总 计	12	36	60				
教师签字：				年 月 日		得 分	

2. 自我总结。

(1)完成此次任务过程中存在的主要问题有哪些？

(2)产生问题的原因有哪些？

(3)请提出相应的解决方法：

(4)你认为还需加强哪方面的指导(可从实际工作过程及理论知识方面考虑)？

五、拓展训练

请就四川交通职业技术学院第4实训楼工程，写一份项目建议书、可行性研究报告及施工招标文件。

提示：

(1)工程情况的说明；
(2)可行性研究的程序；
(3)可行性研究的内容；
(4)可行性研究所需的附件及其内容；
(5)招标文件的具体内容。

学习情境二　施工阶段资料

任务一　监理管理资料

一、任务描述

某建设单位准备投资约6 700万元人民币，建造一栋建筑面积约40 000m^2的购物中心。现已经完成工程开工前的准备工作，目前的任务是作为监理方进行工程施工阶段文件的收集与归档。

二、学习目标

通过本学习任务的学习，你应当：

1. 能按照正确的方法和途径，收集和分析施工阶段监理方进行管理所需的信息资料；
2. 能按照施工中的各个阶段编制和收集相关资料；
3. 能依据施工中的实际发生情况增添相应的监理管理文件；
4. 通过完成该任务，提出后续工作建议，完成自我评价，并提出改进意见。

三、任务实施

（一）任务引入

引导问题：现有监理公司已经中标某项目，作为监理单位的人员首先要进驻工地进行监理的管理工作，在工作中进行资料的编制和收集。

1. 完成本次任务的前提条件是什么？

2. 监理需要完成的基本管理工作是什么？

3. 监理需要收集的管理资料内容有哪些？

4. 监理需要收集的管理资料应针对不同的工作分别向甲乙两方收取或者自己编制。那么向甲乙两方收取的资料分别是哪些？自己编制的资料又是哪些？

(二)学习准备

引导问题:监理管理资料的编制与收集应从哪些方面进行知识准备？

提示:

(1)建设法律、法规、政策、文件；

(2)技术标准；

(3)建筑工程监理合同；

(4)建筑工程施工合同。

(三)任务实施

引导问题1:监理管理工作的流程是什么？

【案例1】

赞成湖畔居监理规划

一、工程项目概况

1. 工程地址:南京市龙蟠路55号地块。

2. 项目组成、规模:本工程为框架结构,共11层,总建筑面积约90 000m^2,其中项目情况一览表见表2-1。

项目情况一览表 表2-1

序号	项目名称	建筑面积(m^2)	层数	建筑物尺寸(m)			备注
				长度	宽度	高度	
1	A01	756	11	36	21		
2	A02	1 440	11	36	40		
3	A03	108	11	36		3	

3. 工程建筑、结构、给排水、强弱电简介。

(1)楼地面素土夯实,回填土高度高于室外标高 50mm。楼面现浇板上刷一道水泥浆,20mm 厚 1∶2水泥砂浆粉光。

(2)门窗:内门为夹板门,外门为塑钢门,窗为塑钢窗,局部为玻璃幕墙(专业公司设计及施工)。

(3)装饰:外装饰为 1∶1∶4混合砂浆底面两道,刷外墙涂料三遍,内粉刷 1∶1∶6混合砂浆底纸筋灰面,面层二次装修,卫生间为 1∶3水泥砂浆刮糙,面层用户自理。

(4)屋面:找坡3%,现浇屋面板上 100mm 厚粉煤灰加气混凝土块,最薄处 60mm 厚,20mm 厚 1∶2.5 水泥砂浆找平,PVC 防水卷材。

(5)基础构造:本工程基础为钢筋混凝土预制方桩,独立承台加基础拉梁。混凝土设计强度是垫层为 C10,基础为 C20,构造柱和大梁为 C25,防潮层以下的砖为 MU10 实心砖,M5 水泥砂浆砌筑,防潮层以上用 MU10 多孔黏土砖。基础埋深 -1.30 ~ -1.65m,本工程室内地坪标高 ±0.000 相当于绝对标高 5.20m,室内外高差 0.45m。

(6)主体结构:一、二层梁及柱、板混凝土强度等级为 C25,砖墙一般用 MU10 多孔砖,M5.0混合砂浆砌筑。

(7)给排水、电气概况(略)。

(8)室内给水管采用 UPVC 给水管,承插粘接;室外采用镀锌钢管,丝扣连接。

(9)室内消防管采用镀锌钢管,丝扣连接;室外消防管采用铸铁管,石棉水泥接口。

(10)排水管:室内废水和污水管采用 UPVC 排水管,室外雨水管及污水管为 UPVC 排水管。

(11)电气工程:电源为380V/220V 供电,室内电线管暗敷,采用阻燃型硬质塑料管。

4. 工程特点概述。

总平面示意图(略)。

此项目各子项工程建筑结构并不复杂,但是使用功能齐全,工艺复杂。因此,施工时对设备安装必须给予充分的注意。

二、监理工作的阶段和范围

根据建设单位的委托和授权,主要是施工阶段的质量监理。

三、监理工作内容

1. 根据专业工程特点制订监理工作程序。

制订监理工作程序应体现事前控制和主动控制的要求,应结合工程项目的特点,注重监理工作的效果。监理工作程序中应明确工作内容、行为主体、考核标准、工作时限,当涉及建设单位和承包单位的工作时,监理工作程序应符合委托监理合同和施工合同的规定。在监理工作实施过程中,应根据实际情况的变化对监理工作程序进行调整和完善。

2. 认真做好施工准备阶段的监理工作。

(1)在设计交底前,总监理工程师应组织监理人员熟悉设计文件,并对图纸中存在的问题通过建设单位向设计单位提出书面意见和建议。

(2)项目监理人员应参加由建设单位组织的设计技术交底会,总监理工程师应对设计技术交底会议纪要进行签认。

(3)工程项目开工前,总监理工程师应组织现场监理负责人审查承包单位报送的施工组织设计(方案)报审表,提出审查意见,并经总监理工程师审核、签认后报送建设单位。

(4)工程项目开工前，总监理工程师应审查承包单位现场项目管理机构的质量管理体系、技术管理体系和质量保证体系，对能保证工程项目施工质量的予以确认。对质量管理体系、技术管理体系和质量保证体系应审核以下内容：

①质量管理、技术管理和质量保证的组织机构；

②质量管理、技术管理制度；

③专职管理人员和特种作业人员的资格证、上岗证。

(5)分包工程开工前，现场监理负责人应审查承包单位报送的分包单位资格报审表和分包单位有关资质资料，符合有关规定后，由总监理工程师予以签认。

(6)对分包单位资格应审核以下内容：

①分包单位的营业执照、企业资质等级证书、特殊行业施工许可证、国外(境外)企业在国内承包工程许可证；

②分包单位的业绩；

③拟分包工程的内容和范围；

④专职管理人员和特种作业人员的资格证、上岗证。

(7)现场监理负责人应按以下要求对承包单位报送的测量放线控制成果及保护措施进行检查，符合要求时，现场监理负责人对承包单位报送的施工测量成果报验申请表予以签认：

①检查承包单位专职测量人员的岗位证书及测量设备检定证书；

②复核控制桩的校核成果、控制桩的保护措施以及平面控制网、高程控制网和临时水准点的测量成果。

(8)现场监理负责人应审查承包单位报送的工程开工报审表及相关资料，具备以下开工条件时，由总监理工程师签发，并报送建设单位：

①施工许可证已获政府主管部门批准；

②征地拆迁工作能满足工程进度的需要；

③施工组织设计已获总监理工程师批准；

④承包单位现场管理人员已到位，机具、施工人员已进场，主要工程材料已落实；

⑤进场道路及水、电、通信等已满足开工要求。

(9)工程项目开工前，监理人员应参加由建设单位主持召开的第一次工地会议。

(10)第一次工地会议应包括以下主要内容：

①建设单位、承包单位和监理单位分别介绍各自入驻现场的组织机构、人员及其分工；

②建设单位根据委托监理合同宣布对总监理工程师的授权；

③建设单位介绍工程开工准备情况；

④承包单位介绍施工准备情况；

⑤建设单位和总监理工程师对施工准备情况提出意见和要求；

⑥总监理工程师介绍监理规划的主要内容；

⑦研究确定各方在施工过程中参加工地例会的主要人员，召开工地例会周期、地点及主要议题。

(11)第一次工地会议纪要应由项目监理机构负责起草，并经与会各方代表会签。

3. 工地例会。

(1)在施工过程中，总监理工程师应定期主持召开工地例会。会议纪要应由项目监理机构负责起草，并经与会各方代表会签。

(2)工地例会应包括以下主要内容：

①检查上次例会议定事项的落实情况，分析未完事项原因；

②检查分析工程项目进度计划完成情况，提出下一阶段进度目标及其落实措施；

③检查分析工程项目质量状况，针对存在的质量问题提出改进措施；

④检查工程量核定及工程款支付情况；

⑤解决需要协调的有关事项；

⑥其他有关事宜。

(3)总监理工程师或现场监理负责人应根据需要及时组织专题会议，解决施工过程中的各种专项问题。

4.工程质量控制工作。

(1)在施工过程中，当承包单位对已批准的施工组织设计进行调整、补充或变动时，应经现场监理负责人审查，并应由总监理工程师签认。

(2)现场监理负责人应要求承包单位报送重点部位、关键工序的施工工艺和确保工程质量的措施，审核同意后予以签认。

(3)当承包单位采用新材料、新工艺、新技术、新设备时，现场监理负责人应要求承包单位报送相应的施工工艺措施和证明材料，组织专题论证，经审定后予以签认。

(4)项目监理机构应对承包单位在施工过程中报送的施工测量放线成果进行复验和确认。

(5)现场监理负责人应从以下方面对承包单位的试件养护室进行考核：

①试验室的资质等级及其试验范围；

②法定计量部门对试验设备出具的计量检定证明；

③试验室的管理制度；

④试验人员的资格证书；

⑤本工程的试验项目及其要求。

(6)现场监理负责人应对承包单位报送的拟进场工程材料、构配件和设备的工程材料、构配件、设备报审表及其质量证明资料进行审核，并对进场的实物按照委托监理合同约定或有关工程质量管理文件规定的比例采取平行检验或见证取样方式进行抽检。对未经监理人员验收或验收不合格的工程材料、构配件、设备，监理人员应拒绝签认，并应签发监理工程师通知单，书面通知承包单位限期将不合格的工程材料、构配件、设备撤出现场。

(7)项目监理机构应定期检查承包单位的直接影响工程质量的计量设备的技术状况。

(8)总监理工程师应安排监理人员对施工过程进行巡视和检查。对隐蔽工程的隐蔽过程、下道工序施工完成后难以检查的重点部位，现场监理负责人应安排监理员进行旁站。

(9)现场监理负责人应根据承包单位报送的隐蔽工程报验申请表和自检结果进行现场检查，对符合要求的工序予以签认。对未经监理人员验收或验收不合格的工序，监理人员应拒绝签认，并要求承包单位严禁进行下一道工序的施工。

(10)现场监理负责人应对承包单位报送的分项工程质量验评资料进行审核，符合要求后予以签认；总监理工程师应组织监理人员对承包单位报送的分部工程和单位工程质量验评资料进行审核和现场检查，符合要求后予以签认。

(11)对施工过程中出现的质量缺陷，现场监理负责人应及时下达监理工程师通知，要求承包单位整改，并检查整改结果。

(12)监理人员发现施工存在重大质量隐患,可能造成质量事故或已经造成质量事故的,应通过总监理工程师及时下达工程暂停令,要求承包单位停工整改。整改完毕并经监理人员复查,符合规定要求后,总监理工程师应及时签署工程复工报审表。总监理工程师下达工程暂停令和签署工程复工报审表,宜事先向建设单位报告。

(13)对需要返工处理或加固补强的质量事故,总监理工程师应责令承包单位报送质量事故调查报告和经设计单位等相关单位认可的处理方案,项目监理机构应对质量事故的处理过程和处理结果进行跟踪检查和验收。

总监理工程师还应及时向建设单位及本监理单位提交有关质量事故的书面报告,并将完整的质量事故处理记录整理归档。

5. 工程造价控制工作。

(1)项目监理机构应按下列程序进行工程计量和工程款支付工作:

①承包单位统计经现场监理负责人质量验收合格的工程量,按施工合同的约定填报工程量清单和工程款支付申请表;

②现场监理负责人进行现场计量,按施工合同的约定审核工程量清单和工程款支付申请表,并报总监理工程师审定;

③总监理工程师签署工程款支付证书,并报送建设单位。

(2)项目监理机构应按下列程序进行竣工结算:

①承包单位按施工合同规定填报竣工结算报表;

②现场监理负责人审核承包单位报送的竣工结算报表;

③总监理工程师审定竣工结算报表,与建设单位、承包单位协商一致后,签发竣工结算文件和最终的工程款支付证书,报送建设单位。

(3)项目监理机构应依据施工合同有关条款、施工图,对工程项目造价目标进行风险分析,并应制订防范性对策。

(4)总监理工程师应从造价、项目的功能要求、质量和工期等方面审查工程变更的方案,并宜在工程变更实施前与建设单位、承包单位协商确定工程变更的价款。

(5)项目监理机构应按施工合同约定的工程量计算规则和支付条款进行工程量计量和工程款支付。

(6)现场监理负责人应及时建立月完成工程量和工作量统计表,对实际完成量与计划完成量进行比较、分析,制订调整措施,并应在监理月报中向建设单位报告。

(7)现场监理负责人应及时收集、整理有关的施工和监理资料,为处理费用索赔提供证据。

(8)未经监理人员质量验收合格的工程量,或不符合施工合同规定的工程量,监理人员应拒绝计量和该部分的工程款支付申请。

6. 工程进度控制工作。

(1)项目监理机构应按下列程序进行工程进度控制:

①总监理工程师审批承包单位报送的施工总进度计划;

②总监理工程师审批承包单位编制的年、季、月度施工进度计划;

③现场监理负责人对进度计划实施情况进行检查、分析;

④当实际进度符合计划进度时,应要求承包单位编制下一期进度计划;当实际进度滞后于计划进度时,现场监理负责人应书面通知承包单位采取纠偏措施并监督实施。

(2)现场监理负责人应依据施工合同有关条款、施工图及经过批准的施工组织设计制订进度控制方案,对进度目标进行风险分析,制订防范性对策,经总监理工程师审定后报送建设单位。

(3)现场监理负责人应检查进度计划的实施,并记录实际进度及其相关情况,当发现实际进度滞后于计划进度时,应签发监理工程师通知单,指令承包单位采取调整措施;当实际进度严重滞后于计划进度时应及时报总监理工程师,由总监理工程师与建设单位商定后采取进一步措施。

(4)总监理工程师应在监理月报中向建设单位报告工程进度和所采取进度控制措施的执行情况,并提出合理预防由建设单位原因导致的工程延期及其相关费用索赔的建议。

7. 竣工验收。

(1)总监理工程师应组织现场监理负责人,依据有关法律、法规、工程建设强制性标准、设计文件及施工合同,对承包单位报送的竣工资料进行审查,并对工程质量进行竣工预验收。对存在的问题,应及时要求承包单位整改。整改完毕由总监理工程师签署工程竣工报验单,并应在此基础上提出工程质量评估报告。工程质量评估报告应经总监理工程师和监理单位技术负责人审核签字。

(2)项目监理机构应参加由建设单位组织的竣工验收,并提供相关监理资料。对验收中提出的整改问题,项目监理机构应要求承包单位进行整改。当工程质量符合要求时,由总监理工程师会同参加验收的各方签署竣工验收报告。

8. 工程质量保修期的监理工作。

(1)监理单位应依据委托监理合同中约定的工程质量保修期监理工作的时间、范围和内容开展工作。

(2)承担质量保修期监理工作时,监理单位应安排监理人员对建设单位提出的工程质量缺陷进行检查和记录,对承包单位进行修复的工程质量进行验收,验收合格后予以签认。

(3)监理人员应对工程质量缺陷原因进行调查分析并确定责任归属,对非承包单位原因造成的工程质量缺陷,监理人员应核实修复工程的费用和签署工程款支付证书,并报送建设单位。

四、监理工作目标

建设单位对施工工期要求很严格,所以对工程的施工质量和投资必须进行严格控制。工期目标、质量目标、投资控制目标见表 2-2。

目标控制核实表

表 2-2

<table>
<tr><th>序号</th><th>项目名称</th><th>工期目标</th><th>质量目标</th><th>投 资 目 标</th><th>备 注</th></tr>
<tr><td>1</td><td></td><td></td><td></td><td rowspan="10">认真控制原材料的质量,要求施工企业采购质量价格比优化的工程材料,并以此作为控制投资的准绳</td><td rowspan="10">业主要求的工期与定额工期的差距很大,要求承包人开展平行流水和立体交叉施工作业,合理缩短施工间隙,力争达到业主要求</td></tr>
<tr><td>2</td><td></td><td></td><td></td></tr>
<tr><td>3</td><td></td><td></td><td></td></tr>
<tr><td>4</td><td></td><td></td><td></td></tr>
<tr><td>5</td><td></td><td></td><td></td></tr>
<tr><td>6</td><td></td><td></td><td></td></tr>
<tr><td>7</td><td></td><td></td><td></td></tr>
<tr><td>8</td><td></td><td></td><td></td></tr>
<tr><td>9</td><td></td><td></td><td></td></tr>
<tr><td>10</td><td></td><td></td><td></td></tr>
</table>

五、监理工作依据

1. 国家批准的工程项目建设文件有：

《可行性研究报告》；《项目建议书及报批文件》；《项目评估、论证文件》；《总体规划设计》。

2. 执行的法律、法规和行政规章如下：

《中华人民共和国建筑法》；

《中华人民共和国合同法》；

《建筑工程质量管理条例》；

《工程建设监理机构规定》；

《上海市建筑工程监理管理暂行规定》(1999 年 7 月 16 日上海市人民政府第 79 号令)；

《上海市建筑工程材料管理条例》(1999 年 11 月 26 日上海市第十一届人民代表大会常务委员会第十四次会议通过)；

《上海市建筑工程监理管理暂行办法实施细则》(上海市建设和管理委员会 2000 年 9 月 4 日沪建建 <2000 >第 0514 号文件印发)。

3. 国家工程建设强制性技术标准包括：

《建筑工程监理规范》(GB 50319—2000)；

《建筑工程施工质量验收统一标准》(GB 50300—2001)；

《建筑装饰装修工程质量验收规范》(GB 50210—2001)；

《建筑给排水及采暖工程施工质量验收规范》(GB 50242—2002)；

《建筑电气工程施工质量验收规范》(GB 50303—2002)。

4. 合同文件包括：

建设单位与监理单位签订的建筑工程监理合同；建设单位与施工单位签订的建筑工程施工合同和其他工程建设合同。

引导问题 2：根据案例 1 完成下列问题。

(1) 监理规划的作用和依据是什么？

___

___

___

(2) 监理规划具体内容有哪些？

___

___

___

___

___

(3) 你认为监理规划在编制时的难点是什么？该怎样解决？

___

___

___

___

___

(4)监理规划和大纲、手册有什么异同？

【案例 2】

此案例为一工程项目(××市××区××泵站扩建工程)于 2009 年 1 月的一份监理月报，各报表如表 2-3～表 2-7 所示。

JL46 **2009 年 1 月监理工作统计月报表** 表 2-3

(监理[01]月统 01 号)

合同名称：××市××区××泵站扩建工程 合同编号：

序号	项目名称	单位	本月	开工以来总计
1	监理会议	次	3	
2	审批施工组织设计(方案)	次	2	
	提出建议和意见	条	3	
3	审批施工进度计划(年、季、月)	次	1	
	提出建议和意见	条	1	
4	审核施工图纸	次	1	
	提出建议和意见	条	10	
5	发出监理通知、指令	个	4	
6	审定分包单位	家		
7	原材料审批	件		
8	构配件审批	件		
9	设备审批	件	2	
10	单位工程质量签证	个		
11	分部工程质量签证	个		
12	发出质量整改通知	个		
	提出建议和意见	条		
13	发出不合格工程项目通知	个		
14	发出工程部分暂停施工指令	个		
15	监理抽查、复检	次		
16	监理见证取样	次		
17	施工单位试验室、测量队检查	次		
18	考察生产厂家	次	1	
19	监理专题报告	个		
	提出建议和意见	条		
20	工程量、支付签证	次		

说明：本表一式三份 每月 25 日前报当月统计表。

审核人： 填报人： 填报日期： 2009 年 1 月 5 日

JL32

监 理 月 报

（监理[2009]月报02号）

.2009年第02期

2009年1月26日至2009年2月25日

工 程 名 称：××市××区××泵站扩建工程

发 包 人：××市××区××系综合整治工程指挥部

监 理 机 构：×××监理有限公司

总监理工程师：×××

日 期：2009年2月28日

月报总概表 表2-4

<table>
<tr><td>工程名程</td><td colspan="5">××市××区×××泵站扩建工程</td></tr>
<tr><td>施工单位名称</td><td colspan="5">××××建设股份有限公司</td></tr>
<tr><td>合同价（元）</td><td>28 787 313.59</td><td colspan="2">合同工期（天）</td><td colspan="2">390</td></tr>
<tr><td>开工日期</td><td>2008年12月29日</td><td colspan="2">计划完工日期</td><td colspan="2">2010年1月29日</td></tr>
<tr><td>累计完成投资（元）</td><td>2 054 145.68</td><td colspan="2">累计完成（%）</td><td colspan="2">7.1</td></tr>
<tr><td>本月完成投资（元）</td><td>968 451.79</td><td colspan="2">占合同价（%）</td><td colspan="2">3.4</td></tr>
<tr><td>预付款支付（元）</td><td>8 636 194</td><td colspan="2">预付款扣取（元）</td><td colspan="2">0</td></tr>
<tr><td>累计支付进度款（元）</td><td>0</td><td>占合同比（%）</td><td>0</td><td>扣质保金</td><td>0</td></tr>
</table>

进度总形象说明

春节过后，工地于2009年2月4日全面动工，2月4日至2月8日进行场地平整，线路配套，桩机调试等施工准备工作。2月9日至2月25日进行预制方桩施工，其中出水箱涵压桩27条，主泵房70条，副场房56条，总共完成1 920m，占合同工程量的24.8%；

2月20日副厂房部位搅拌桩开始施工，到25日已完成搅拌桩1 249m，占合同总工程量的20%

存在问题及原因分析

目前工程实际进度与计划进度相比严重滞后，按照计划进度，到2009年2月26日应该完成主、副厂房，进水前池，清污桥预制方桩的施工和主、副厂房搅拌桩的施工，而实际上目前只有副厂房的进度与计划基本相符，其他部位的工作都未完成，主要原因有以下三点：

（1）按照进度计划，2009年2月6日即要开始主泵房桩基处理，但是由于春节放假，直到2月10日下午才进行主泵房压桩作业，这样就拖了4天时间；

（2）实际地质情况与设计状况有一定差别，特别是主泵房位置，持力层高程比设计高程普遍偏上，从目前已施工完成的桩来分析在规定的压力下最多的相差4.5m，截桩非常费时费力，同时也会造成很大的浪费；

（3）出现上述情况后，施工单位及时书面汇报给了设计单位，但直到2月23日设计单位才给出正式的书面答复。施工单位停工待令，耽误了五六天时间

处理问题的措施或建议

针对已经出现的问题（1），施工方和监理部及时将预制桩的施工情况汇报给了业主和设计单位，并要求设计单位制订处理措施；

针对已经出现的问题（2），设计单位派地勘人员来工地补充了4个地质钻孔，重新编绘了地质资料，并提出了具体的施工控制措施；

针对已经出现的问题（3），我们建议施工单位根据现在的实际情况，在不影响后续工作的前提下适当调整计划进度，采取赶工措施，以保证总体工期目标的实现

大事记

2009 年 2 月 4 日:春节假后全面复工;

2009 年 2 月 9 日:预制方桩开始施工;

2009 年 2 月 18 日:因地质原因,施工单位停工待令,暂停主泵房基础处理施工;

2009 年 2 月 20 日:副厂房搅拌桩施工;

2009 年 2 月 20 日:召开工程例会,监理部和施工单位全体人员参加;

2009 年 2 月 23 日:主泵房基础处理复工

质量控制

本月单元工程质量评定情况

分部工程名称	分部工程编号	本月完成单元个数	施工单位自评		监理工程师核定		备注
			合格(个)	优良(个)	合格(个)	优良(个)	
		2					由于检测工作尚未完成,暂未进行评定

本月分部工程质量验收情况

序号	分部工程名称	验收意见	评定结果	遗留问题及处理意见	备注

质量缺陷、质量事故处理情况

无质量缺陷和质量事故

其他

本月会议和往来信函情况

会议:2 月 20 日,工地例会(监理部主持召开);

往来信函:2 月 11 日,发监理机构联系单[2009]001 号;

2 月 11 日,发预制桩施工情况报告单;

2 月 23 日,收到关于桩基处理设计通知

监理工作情况(包括重要监理活动,图纸审查、发放、技术方案审查、工程需要解决的问题、监理人员变动情况)

技术方案审查:(1)分部工程开工申请;(2)搅拌桩施工方案(承包 2009)技案 02 号;(3)临时用电施工专项方案(2 承包 2009)技案 03 号。

需要解决的问题:

(1)预制桩原材料的抽验;(2)搅拌桩水泥原材料和试块取样送检;(3)对已施工完成的预制方桩和搅拌桩的防渗按规定要求进行检测,及时完成单元工程质量评定工作;(4)协助施工单位调整进度计划

水文和气象等自然情况

本月晴天 11 天,阴天 14 天,雨天 5 天

附表及工程图片

(1)JL32 附表 1 完成清单工程量月统计表;

(2)JL32 附表 2 监理抽检情况月汇总表;

(3)JL32 附表 3 工程变更汇总表

JL32 附表 1　　**完成清单工程量月统计表**　　表 2-5

序号	项目内容	单位	合同		本月完成工程量	至本月已累计完成		完成(%)
			工程量	金额(元)		工程量	金额(元)	
1	土方开挖	m^3			3 400	3 400	77 588	
2	预制桩	m	7 746	1 661 648.68	1 920	1 920	411 878.4	24.8
3	搅拌桩	m	6 098	333 188.62	1 249	1 249	68 245.36	20.5

注:按工程量清单内容全部列入表内。

JL32 附表 2　　**监理抽检情况月汇总表**　　表 2-6

序号	单元工程名称	单元工程编码	抽检日期	抽检内容及方法	抽检结果	抽检人
1	主泵房	06	2009.2.11	桩顶高程;水准仪	符合设计要求	王勇
2	副厂房	06	2009.2.15	桩顶高程;水准仪	符合设计要求	王勇
3	副厂房搅拌桩	06	2009.2.24	桩底高程;量测机头深度	符合设计要求	王勇

JL32 附表 3　　**工程变更汇总表**　　表 2-7

序号	变更工程名称(编号)	变更文件文号、图号	工程变更主要内容	备　注
1				
2				
3				

引导问题 3:依据案例 2 回答下列问题。

(1)监理月报的作用是什么?

(2)监理月报的内容有哪些?填写时有哪些内容是统一的规定?

引导问题 4:监理的主要工作是什么?哪些分部分项工程需要做此记录?此记录表格的具体要求是什么?

【案例3】

此案例为某工程项目的监理日记一则。

1987年5月11日　　星期一　　天气:晴

上午:组织工地办公室职员日间工作,包括重新检查在K9+250至K9+750路段的土方工程量。在K6+250路段检查混凝土路缘石和明沟工程。签发出第23号工地指令,指令承包人重铺路缘石,使其排列整齐且达到正确标高。

下午:返回到办公室准备第2号变更指令。会见承包人,讨论有关合同图纸上没有标出的供水总管的拆除及改线问题。同意与公用事业公司职员会晤讨论此事,找出解决办法。

引导问题5:根据案例3确定监理日记的主要事项记录是什么?哪些内容需要做此记录?

引导问题6:当工地上发生特殊情况(比如:工人罢工)监理需要做什么相应的管理工作?伴随工作需要完成什么资料的收集?

引导问题7:根据监理管理的基本工作,检查监理所需资料是否齐全?完成表2-8的填写。

监理管理资料清查表　　表2-8

监理管理资料清单(对照监理管理的工作内容填写)	完成时间	责任人	任务完成则画"✓"
			□
			□
			□
			□
			□
			□
			□
			□
			□
			□
			□

引导问题8:监理工作完成后的工作总结应怎样写?试根据案例1,作为此项目的监理工程师简单编制监理工作总结。

四、任务评价

1. 完成表 2-9 的填写。

任务评价表　　　　表 2-9

考核项目	分数			学生自评	小组互评	教师评价	小计
	差	中	好				
是否具备团队合作精神	1	3	5				
是否积极参与活动	1	3	5				
工作过程安排是否合理规范	2	10	18				
陈述是否完整、清晰	1	3	5				
是否正确灵活运用已学知识	2	6	10				
是否遵守劳动纪律	1	3	5				
此次施工中监理管理资料内容的准备是否满足任务要求	2	4	6				
此次资料内容的收集是否准确	2	4	6				
总计	12	36	60				
教师签字：　　　　年　月　日						得分	

2. 自我总结。

(1)完成此次任务中存在的主要问题有哪些？

(2)产生问题的原因有哪些？

(3)请提出相应的解决方法：

(4)你认为还需加强哪方面的指导(可从实际工作过程及理论知识方面考虑)？

五、拓展训练

根据案例1,作为监理,请就四川交通职业技术学院第4实训楼的主体现场浇筑混凝土的工程情况进行一次模拟会议,并编制会议纪要。

任务二 工程施工技术管理资料

一、任务描述

某建设单位准备投资约6 700万元人民币,建造一栋建筑面积约40 000m^2 的购物中心。目前的任务是作为施工方进行工程施工阶段技术管理文件的收集与归档。

二、学习目标

通过本学习任务的学习,你应当:

1. 能按照正确的方法和途径,收集和分析施工阶段施工方进行技术管理所需信息资料;
2. 能按照施工中的各个阶段编制和收集相关资料;
3. 能依据施工中的实际发生情况增添相应的技术管理文件;
4. 通过完成该任务,提出后续工作建议,完成自我评价,并提出改进意见。

三、任务实施

(一)任务引入

引导问题:现有施工单位已经中标某项目,作为施工单位的资料员首先需要收集该工程相应的技术管理资料然后进驻场地,并在工作中继续进行技术管理资料的编制和收集。

1. 完成本次任务的前提条件是什么?

2. 哪些工作是属于技术管理工作？

3. 根据工作，资料员所需要收集的技术管理资料是什么？

（二）学习准备

引导问题：资料员所需要收集的技术管理资料的编制与收集应从哪些方面进行知识准备？

提示：

（1）建设法律、法规、政策、文件；

（2）技术标准；

（3）资料员岗位职责；

（4）建筑工程施工合同。

（三）任务实施

引导问题1：根据施工方在工程开工前，根据需要伴随工作完成开工准备的资料完成下列问题。

（1）工程开工报告应由谁填制？具体内容是什么？开工报告审批流程是什么？

（2）施工组织设计（项目管理规划）应由谁编制？其内容有哪些？

(3)编写图纸会审记录的主要内容是什么?

【案例1】

某工程占地面积2 280m²,总建筑面积约90 583.76m²。本工程地下室为一层,主要作为设备房、民防、车库用;地上部分分为住宅塔楼和商业裙房,其中住宅塔楼33层,商业裙房4层。其中地下室建筑面积2 812.70m²,地上建筑面积87 771.06m²,室内设计标高±0.000相当于绝对标高13.500m。

引导问题2:根据案例1,回答以下问题。

(1)该工程消防系统由专业公司施工,请问专业公司进场前,总包单位应做哪些工作?

(2)对于这种大型工程,施工单位应进行哪些层次的技术交底?

(3)技术交底的主要内容有哪些?

引导问题3:工程施工过程中会遇到的技术管理工作有哪些?

【案例2】

工程施工日志填写方法见表2-10。

工程施工日志　　表 2-10

项	目	编	号

<table>
<tr><td colspan="3">2009 年　04 月 03 日　星期五</td><td colspan="3">天气　气温　℃　风力　级　风向/</td></tr>
<tr><td>当日工程
施工部位</td><td></td><td>当日工程
施工内容</td><td></td><td>当日工程
形象进度</td><td>按计划施工</td></tr>
<tr><td colspan="6">拆除工作继续，厨房、卫生间墙体方管加固，其他房间做墙体基层龙骨；
材料进场：轻钢龙骨 1 200m，钢导管 500m，防锈漆 3 桶，防火涂料 12 桶，木方 600m，PVC 管 100m，PPR 管 100m</td></tr>
<tr><td>今日检（试）验情况</td><td colspan="5">合格
资料齐全</td></tr>
<tr><td>备注</td><td colspan="5"></td></tr>
</table>

引导问题 4：根据案例 2 了解施工日志的填写方法，确定施工日志的主要内容有哪些？

引导问题 5：作为施工方，最需要重视建筑产品的哪些方面？驻现场需要对这些方面进行管理检查记录，此记录的填写要求是什么？

引导问题 6：工程在施工过程中发生变更该怎样处理？应收集哪些资料？向哪方收集？

引导问题 7：如果工程在施工过程中发生质量事故该怎样处理？按处理程序应完成哪些相应的资料编制与收集？

引导问题8:根据工程施工技术管理资料的归档情况,完成下列选择题。

(1)工程技术资料立卷时,案卷不宜过厚,一般不超过(　　)。

A. 20mm　　B. 30mm　　C. 40mm　　D. 50mm

(2)工程文件中文字材料幅面尺寸规格不宜为(　　)幅面。

A. A0　　B. Al　　C. A2　　D. A3　　E. A4

(3)以下属于规范规定的工程技术资料档案保管期限的有(　　)。

A. 永久　　B. 长期　　C. 中期　　D. 短期　　E. 不定期

(4)以下属于建筑工程档案特征的有(　　)。

A. 分散性和复杂性　　B. 继承性和时效性

C. 安全性　　D. 多专业性和综合性

E. 全面性和真实性

四、任务评价

1. 完成表2-11的填写。

任务评价表　　表2-11

考核项目	分数			学生自评	小组互评	教师评价	小计
	差	中	好				
是否具备团队合作精神	1	3	5				
是否积极参与活动	1	3	5				
工作过程安排是否合理规范	2	10	18				
陈述是否完整、清晰	1	3	5				
是否正确灵活运用已学知识	2	6	10				
是否遵守劳动纪律	1	3	5				
此次工程施工技术管理资料内容的准备是否满足任务要求	2	4	6				
此次资料内容的收集是否准确	2	4	6				
总计	12	36	60				
教师签字:				年　月　日		得分	

2. 自我总结。

(1)完成此次任务过程中存在的主要问题有哪些?

(2)产生问题的原因有哪些?

(3)请提出相应的解决方法:

(4)你认为还需加强哪方面的指导(可从实际工作过程及理论知识方面考虑)?

五、拓展训练

根据案例1,作为施工方,请就四川交通职业技术学院第4实训楼工程编制一份开工报告。

任务三　质量验收与控制资料

一、任务描述

某建设单位准备投资约6 700万元人民币,建造一栋建筑面积约40 000m^2 的购物中心。目前的任务是作为施工方和监理方进行工程施工阶段质量验收与控制文件的收集与归档。

二、学习目标

通过本学习任务的学习,你应当:

1. 能按照正确的方法和途径,收集和分析施工阶段进行质量验收与控制所需信息资料;
2. 能按照施工中的各个阶段编制和收集相关资料;
3. 能依据施工中的实际发生情况增添相应的质量验收与控制文件;
4. 通过完成该任务,提出后续工作建议,完成自我评价,并提出改进意见。

三、任务实施

(一)任务引入

引导问题:现有施工单位已经中标某项目,作为施工单位的资料员和监理方在施工过程中应重视质量问题,完成质量验收与控制工作的资料收集就是一项主要的工作。

1. 完成本次任务的前提条件是什么?

2. 哪些工作属于质量验收与控制工作?

3. 根据工作内容,确定施工单位的资料员和监理方所需要收集的技术管理资料。

(二)学习准备

引导问题:质量验收与控制资料的编制与收集应从哪些方面进行知识准备?

提示:

(1)建设法律、法规、政策、文件;
(2)技术标准;
(3)建筑工程施工合同;
(4)质量验收统一标准及验收规范。

(三)任务实施

引导问题1:以购物中心建筑产品为例,按分部分项工程分类说明这些单位工程分别应怎样进行质量控制和验收资料收集?

提示：

(1)把购物中心从下至上分成不同的单位工程(如：主体工程中的砌体工程)；

(2)参看此分部分项工程的质量验收规范，明确施工方的职责和资料员所需收集的资料；

(3)参看《建设工程监理规范》(GB 50319—2000)，明确监理方的职责和所需收集的资料；

(4)注意哪些单位工程的质量是需要控制的，施工与监理方怎样去控制。

【案例1】

某工程为33层建筑(地上33层，地下2层)，建筑总高度99.90m，建筑用地面积9 696.30m²，总建筑面积80 606.81m²，主要结构类型为框架—剪力墙结构，抗震设防烈度为7度，建筑物耐火等级为一级，屋面防水等级为Ⅱ级，地下防水等级为Ⅱ级，人防工程抗力等级为六级，防化等级为丙级，工程使用年限为50年。目前该工程的基础工程已完工，正准备进行基础验收。

引导问题2：根据案例1，回答以下问题。

(1)资料员应准备好哪些地基与基础分部工程的技术资料？

____

____

____

____

(2)监理工程师在核查资料时，发现有的材料合格证或质量证明文件是复印件或抄件，是否予以验收？对材料合格证或质量证明文件的要求是什么？

____

____

____

____

(3)施工单位在进行工程材料报验时有哪些基本要求？

____

____

____

____

引导问题3：阅读施工现场质量管理检查记录填表说明，完成下列问题。

(1)施工现场质量管理检查记录需要检查哪些项目？

____

____

____

____

(2)直接将有关资料的名称写上，资料较多时，也可________________

(3)填写施工现场质量管理检查记录应由________________填写，将有关的原件或复印件附在后面，请________________或建设单位项目负责人验收检查。验收核查后，返还施工单位，并签字认可。如验收不合格，单位必须________________。

引导问题4:检验批质量检验的主控项目和一般项目有哪些?

____

____

____

____

引导问题5:工程质量控制资料按其性质分为________________、________________、________________、________________和________________五类。

引导问题6:单位工程放线定位时一定要有监理或________________在场,并应认真研究规划部门的规划定点文件,对文件内有关该工程的要求,必须严格执行,最后需经________________、监理或________________在测量记录内签字盖章认可。

引导问题7:见证人员必须经培训考核取得《见证员证书》后,方可履行其职责。《见证员证书》由________________提供施工单位资料员。

引导问题8:工程质量事故报告填制的主要内容是什么?

____

____

____

____

____

引导问题9:单位工程(子单位)工程质量竣工验收记录的填写应注意以下问题。

(1)单位工程完工,施工单位组织自检合格后,应报请________________进行工程验收,通过后向________________提交工程竣工报告并填写《单位(子单位)工程质量竣工验收记录》。建设单位应组织设计单位、监理单位、施工单位等进行工程质量竣工验收,验收记录上各单位必须签字并加盖公章。

(2)属于城建档案馆接收范围的工程档案,应由________________对工程资料进行预验收,并出具《建筑工程竣工档案预验收意见》。

(3)《单位(子单位)工程质量竣工验收记录》应由__________填写,验收结论由__________填写,综合验收结论应由参加验收各方共同商定,并由建设单位填写,主要对工程质量是否符合设计和________________作出评价。

(4)单位工程(子单位)工程质量竣工验收时,施工单位应同时填报《________________》、《单位(子单位)工程安装和功能检查资料核查及主要功能抽查记录》、《________________》,作为《单位(子单位)工程质量竣工验收记录》的附表。

引导问题10:见证取样和送检管理是近几年工程资料管理中新增加的内容。见证取样和送检管理数量及填写资料的注意事项是什么?

____

____

____

____

____

____

引导问题 11:隐蔽工程检查的概念、依据及程序是什么?

引导问题 12:预检是在＿＿＿＿＿的基础上由质量检查员、＿＿＿＿＿对施工过程某重要工序进行把关检查,把工作中检查出的偏差记录下来,并加以认真解决。＿＿＿＿＿是防止质量事故发生的有效途径,预检＿＿＿＿＿方可进入下道工序施工。

预检项目及其内容是什么?

资料链接 1

主体分部工程质量验收报告表如表 2-12 所示。

主体分部工程质量验收报告 表 2-12

建设单位名称及工程名称			
施工单位名称			
结构类型		层次		建筑面积(m^2)	
施工起止日期		验收日期	
验收内容			

施工单位评定意见: 项目经理: (公章) 年 月 日	监督单位验收意见: 总监理工程师: (公章) 年 月 日
设计单位验收意见: 设计责任人: (公章) 年 月 日	建设单位验收结果: 项目负责人: (公章) 年 月 日

注:验收内容应反映工程实物质量和质保资料验收情况。

引导问题 13:阅读资料链接 1,完成下列问题。

(1)主体分部工程质量验收报告的记录内容有哪些?

(2)作为施工方,请就四川交通职业技术学院第4实训楼的任意主体分部工程拟完成表2-12的填写。

引导问题14:以四川交通职业技术学院第4实训楼为例说明单位(子单位)工程安全与功能检验资料核查及主要功能抽查的资料应有哪些?

【案例2】

某工程楼高15层,经公开招投标后选择A为施工总承包单位,B为监理单位。公司将塔吊安装分包给具备资质的C公司施工,塔吊基础验收后,C公司于当年7月21日进场,并向现场监理部报了由项目部编制的有项目技术负责人签字的安拆方案。C公司于7月21日下午开始安装塔吊,监理公司发现后,以施工方案未经审批为由下达了塔吊暂停安装令,施工单位以工期较紧要马上安装使用为由继续安装;第二天天气变化,预报有台风,安装单位因此加快了安装速度,欲赶在下午2点台风来临之前安装完毕,下午1点台风强度越来越大,此时现场监理紧急口头叫停,施工单位虽然口头同意停止,但是实际仍在安装,结果下午4点50分由于台风影响,导致尚未安装完毕的塔吊倒塌,出现伤亡事故。

引导问题15:根据案例2,回答以下问题。

(1)在什么情况下,现场安全监理人员才能同意塔吊开始安装?

(2)简述塔吊安装的监理措施。

(3)塔吊在投入使用前安全监理人员要核查哪些内容?

(4)在案例中,监理是否要承担责任?如果有,要承担什么责任?请说明理由。

四、任务评价

1. 完成表 2-13 的填写。

任务评价表　　表 2-13

考核项目	分数			学生自评	小组互评	教师评价	小计
	差	中	好				
是否具备团队合作精神	1	3	5				
是否积极参与活动	1	3	5				
工作过程安排是否合理规范	2	10	18				
陈述是否完整、清晰	1	3	5				
是否正确灵活运用已学知识	2	6	10				
是否遵守劳动纪律	1	3	5				
此次施工中质量验收与控制资料内容的准备是否满足任务要求	2	4	6				
此次资料内容的收集是否准确	2	4	6				
总计	12	36	60				
教师签字：				年　月　日		得分	

2. 自我总结。

(1) 完成此次任务过程中存在的主要问题有哪些？

(2) 产生问题的原因有哪些？

(3) 请提出相应的解决方法：

(4) 你认为还需加强哪方面的指导（可从实际工作过程及理论知识方面考虑）？

五、拓展训练

根据《屋面工程质量验收规范》(GB 50207—2002),作为施工方,请就四川交通职业技术学院第4实训楼整理屋面分部工程资料,装订成册。

1. 屋面分部工程资料的基本情况。

(1)本屋面属于什么类型?分项工程包括什么?检验批包括什么?

(2)本分部工程资料编制的依据主要是什么(规范的名称和编号)?

2. 对资料的提问。

(1)卷材质量是本屋面工程质量的前提,请陈述卷材质量检验的主要项目。

(2)屋面的设计资料中一共划分了8个层次(除去结构层),而根据规范,分项工程划分中只有3层,请陈述它们的包含关系。

(3)屋面工程隐蔽验收记录应包括哪些内容?

(4)本分部工程的安全与功能检验如何实施?

(5)规范中对于保温层的主控项目——含水率是如何规定的?为什么将含水率列为主控项目?

(6)找平层的表面平整度如何检查?应该抽查的点数是如何决定的?

任务四　进度与造价控制资料

一、任务描述

某建设单位准备投资约6 700万元人民币,建造一栋建筑面积约40 000m^{2}的购物中心。目前的任务是作为施工方和监理方进行工程施工阶段进度与造价控制文件的收集与归档。

二、学习目标

通过本学习任务的学习,你应当:

1. 能按照正确的方法和途径,收集和分析施工阶段施工方进行进度与造价控制所需信息资料;

2. 能按照施工中的各个阶段编制和收集相关资料;

3. 能依据施工中的实际发生情况增添相应的进度与造价控制文件;

4. 通过完成该任务,提出后续工作建议,完成自我评价,并提出改进意见。

三、任务实施

(一)任务引入

引导问题:现有施工单位已经中标某项目,作为施工单位的资料员和监理方在施工过程中应重视施工进度和造价的控制,完成此工作的资料收集就是一项主要的工作。

1.完成本次任务的前提条件是什么?

2.哪些工作是属于施工进度与造价控制工作?

3.根据工作内容,确定施工单位的资料员和监理方所需要收集的施工进度与造价控制的资料是什么?

(二)学习准备

引导问题:施工进度和造价的控制资料的编制与收集应从哪些方面进行知识准备?

> **提示:**
> (1)建设法律、法规、政策、文件;
> (2)技术标准;
> (3)建筑工程施工合同;
> (4)施工单位投标文件。

(三)任务实施

引导问题1:在单位工程完工后,甲方须支付工程款给乙方。工程款的支付手续如何完成?所需填制的资料有哪些?这些资料由哪方收集?

引导问题2:工程一旦发生变更,进度和工程款会发生调整,此时施工方应完成哪些手续?所需填制的资料有哪些?这些资料由哪方收集?

【案例1】

某房屋建筑工程项目,建设单位与施工单位按照《建筑工程施工合同(示范文本)》(GF—1999—0201)签订了施工承包合同。合同中规定如下。

1. 设备由建设单位采购,施工单位安装。

2. 由于建设单位的原因,导致的施工单位人员窝工,按18元/工日补偿;导致的施工单位设备闲置,按表2-14中所列标准补偿。

设备闲置补偿标准表 表2-14

机械名称	台班单价(元/台班)	补偿标准
大型起重机	1 060	台班单价的60%
自卸汽车(5t)	318	台班单价的40%
自卸汽车(8t)	458	台班单价的50%

3. 施工过程中发生的设计变更,其价款按建标[2003]206号文件的规定以工料单价法计价程序计价(以直接费为计算基础),间接费费率为10%,利润率为5%,税率为3.41%。

该工程在施工过程中发生以下事件。

(1)施工单位在土方工程填筑时,发现取土区的土壤含水率过大,必须经过晾晒后才能进行填筑,导致增加费用30 000元,工期延误3天。

(2)基坑开挖深度为3m,施工组织设计中考虑的放坡系数为0.3(监理工程师已经批准)。施工单位为避免坑壁塌方,开挖时加大了放坡系数,使土方开挖量增加,导致费用超支10 000元,工期延误3天。

(3)施工单位在主体钢结构吊装安装阶段,发现钢筋混凝土结构上缺少相应的预埋件,经查实是由于土建施工图纸遗漏该预埋件的错误所致。返工处理后,增加费用20 000元,工期延误8天。

(4)建设单位采购的设备没有按计划时间到场,施工受到影响,导致施工单位一台大型起重机、两台自卸汽车(载重5t、8t各一台)闲置5天,工人窝工86工日,工期延误5天。

(5)某分项工程由于建设单位提出工程使用功能的调整,须进行设计变更。设计变更后,经确认直接工程费增加18 000元,措施费增加2 000元。

上述事件发生后,施工单位及时向建设单位造价工程师提出了索赔要求。

引导问题3:根据案例1,回答以下问题。

(1)分析以上各事件中造价工程师是否应该批准施工单位的索赔要求?为什么?

(2)对于工程施工中发生的工程变更,造价工程师对变更部分的合同价款应根据什么原则确定?

(3)造价工程师应批准的索赔金额是多少元?工程延期多少天?

引导问题4:施工中出现什么情况,总监理工程师有权下达《工程暂停令》,要求整改返工?

引导问题5:工程暂停需完成的手续有哪些?工程复工需完成的手续有哪些?请分别阐述。

引导问题6:见证人员必须经培训考核取得《见证员证书》后,方可履行其职责。《见证员证书》由________________提供施工单位资料员。

引导问题7:工程质量事故报告填制的主要内容是什么?

引导问题8:哪些情况工程师可以提前报审工程变更?请举例说明。

引导问题 9:项目监理机构自收到承包单位的什么文件之后,根据承包合同和有关规定审查复核后签署《工程款支付证书》,用于建设单位应向承包单位支付工程款的证明文件。其资料要求是什么?工程量计量和工程款支付的方法有哪些?

【案例 2】

某工程项目由 A、B、C、D 四个分项工程组成,合同工期为 6 个月,施工合同规定如下。

1. 开工前建设单位向施工单位支付 10% 的工程预付款,工程预付款在 4 ~ 6 月份结算时分月均摊抵扣。

2. 保修金为合同总价的 5%,每月从施工单位的工程进度款中扣留 10%,直到扣完为止。

3. 工程进度款逐月结算,不考虑物价调整。

4. 分项工程累计实际完成工程量超出计划完成工程量的 20% 时,该分项工程量超出部分的结算单价调整系数为 0.95。

各月计划完成工程量及全费用单价,如表 2-15 所示;1 ~ 3 月份实际完成的工程量,如表 2-16所示。

各月计划完成工程量及全费用单价表 表 2-15

分项工程名称 \ 工程量(m^3) \ 月份	1	2	3	4	5	6	全费用单价(元/m^3)
A	500	750					180
B		600	800				480
C			900	1 100	1 100		360
D					850	950	300

1 ~ 3 月份实际完成的工程量(单位:m^3) 表 2-16

分项工程名称 \ 月份	1	2	3	4	5	6
A	560	550				
B		680	1 050			
C			450			
D						

引导问题 10:根据案例 2,回答以下问题。

(1)该工程预付款为多少万元?应扣留的保留金为多少万元?

(2)各月应抵扣的预付款各是多少万元？

(3)根据表2-15和表2-16提供的数据，计算1~3月份造价工程师应确认的工程进度款各为多少万元？

(4)分析该工程1~3月末时的投资偏差和进度偏差分别是多少？

【案例3】

建设单位将成都花园三期商业II区景观工程施工的装饰和设备安装工程施工分别发包给华星装饰施工单位和鸿运设备安装单位，经建设单位同意，装饰施工单位又将防水施工分包给天一专业防水工程公司。

建设单位与装饰施工单位和设备安装单位分别签订了施工合同和设备安装合同。在工程延期方面，合同中约定，业主违约一天应补偿承包方5 000元人民币，承包方违约一天应罚款5 000元人民币。

该工程所用的防水材料由建设单位供应。

按施工总进度计划的安排，规定防水施工应从6月10日开工至6月20日完工。但在施工过程中，由于建设单位供应材料不及时，使防水施工在6月12日才开工；6月13日至6月18日防水工程公司的施工人员因自身原因未能施工；6月19日至6月22日又出现了百年一遇的罕见大雨。

引导问题11：根据案例3，回答以下问题。

(1)在上述工期拖延事件中，哪些由建设单位承担？哪些由施工单位承担？

(2)装饰施工单位应获得的工期补偿和费用补偿各为多少？

(3)设备安装单位的损失应由谁承担责任？应补偿的工期和费用是多少？

(4)施工单位如何向建设单位提起索赔？所需文件有哪些？

(5)分包人向承包人提出索赔要求后，承包人应该怎样处理？

四、任务评价

1. 完成表 2-17 的填写。

任务评价表

表 2-17

考核项目	分数			学生自评	小组互评	教师评价	小计
	差	中	好				
是否具备团队合作精神	1	3	5				
是否积极参与活动	1	3	5				
工作过程安排是否合理规范	2	10	18				
陈述是否完整、清晰	1	3	5				
是否正确灵活运用已学知识	2	6	10				
是否遵守劳动纪律	1	3	5				
此次施工中进度与造价控制资料内容的准备是否满足任务要求	2	4	6				
此次资料内容的收集是否准确	2	4	6				
总计	12	36	60				
教师签字：				年　月　日		得分	

2. 自我总结。

(1)完成此次任务过程中存在的主要问题有哪些?

(2)产生问题的原因有哪些?

(3)请提出相应的解决方法:

(4)你认为还需加强哪方面的指导(可从实际工作过程及理论知识方面考虑)?

五、拓展训练

作为施工方和监理方,请就四川交通职业技术学院第 4 实训楼的地基与基础工程完工编制一份《工程款支付申请表》和《工程款支付证书》。

任务五　合同管理资料

一、任务描述

某建设单位准备投资约6 700万元人民币，建造一栋建筑面积约40 000m^2的购物中心。目前的任务是作为施工方和监理方进行工程施工阶段合同管理文件的收集与归档。

二、学习目标

通过本学习任务的学习，你应当：

1. 能按照正确的方法和途径，收集和分析施工阶段进行合同管理所需信息资料；
2. 能根据项目实际制订合同控制工作程序；
3. 能依据施工中的实际发生情况增添相应的合同管理文件；
4. 能对合同实施情况进行追踪分析和偏差分析；
5. 通过完成该任务，提出后续工作建议，完成自我评价，并提出改进意见。

三、任务实施

（一）任务引入

引导问题：现有施工单位已经中标某项目，作为施工单位的资料员和监理方在施工过程中应重视施工进度和造价的控制，完成此工作的资料收集就是一项主要的工作。

1. 完成本次任务的前提条件是什么？

2. 哪些工作属于合同控制工作？

3. 根据工作内容确定施工单位的资料员和监理方所需要收集的施工合同控制资料是什么？

（二）学习准备

引导问题：施工合同控制资料的编制与收集应从哪些方面进行知识准备？

提示:

(1)《建设工程监理规范》(GB 50319—2000);

(2)技术标准;

(3)建筑工程施工合同;

(4)施工单位投标文件。

(三)任务实施

引导问题1:在工程施工过程中,哪些情况会引起合同索赔、变更?

引导问题2:通过对案例1的分析,完成以下问题。

【案例1】

某工程为8层框架结构,建设单位与施工公司签订了施工合同,合同价为固定单价合同。目前本工程正在进行施工。

该工程在施工过程中发生以下事件。

1. 本工程电梯设备由发包人供货,发包人的设备已经到货。

(1)施工方怎样组织设备清点?

(2)承包人能否要求发包人支付设备保管费用?

2. 发包人供应的钢筋承包人已接收,但是承包人发现钢筋丢失了10t。因此,承包人向发包人提出了索赔钢筋丢失了10t的费用报告。那么,承包人能否要求发包人支付设备保管费用?

3. 发包人供应的其他材料在清点时发生了以下的问题。

(1)材料设备单价与一览表不符。

(2)材料设备的品种、规格、型号、质量等级与一览表不符。

(3)发包人供应的材料规格、型号与一览表不符,承包人申请调剂串换。

针对以上情况，承包方应当如何处理这些问题？

【案例2】

某项住房工程共包括四期工程。某建筑公司承包了一期工程，共三百多户，工期为两年。合同规定工程量变更增减不超过承包人工程总量的25%。在投标时，承包人希望通过获得一期工程，创造有利条件以获得后续工程的施工资格，从而节省临时工程，已有机械设备和砂石料厂也得到充分利用。由此，以较低价格投标。在一期工程进展到第18个月时，业主提出将第二期工程中的一部分住房作为第一期的工程变更，交由工程师处理，增加的工程量交给该公司施工。从原合同条款分析，只要增加的工程数量不超过原合同的25%，承包人则无法拒绝。但承包人经分析讨论后，直接发给业主和工程师各一份有理有节的拒绝信。承包人认为，在工程执行过程中，业主和工程师提出的多项变更和额外工作，其都较好地执行了。但这次新增加的住房单元不属于原合同的工程范围，因此不能通过工程变更来增加工程量。如果双方能协商一个新的调整价格，该公司愿意接受这项任务或者提请业主将变更的工程放在第二期招标工程中。

引导问题3：根据案例2，回答以下问题。

(1)总结合同变更的主要程序是什么？

(2)合同变更资料的要求有哪些？

【案例3】

2005年年底，某发包人与某施工承包人签订施工承包合同，约定施工到月底时结付当月工程进度款。2006年年初，承包人接到开工通知后随即进场施工，截至2006年4月，发包人均结清当月应付工程进度款。承包人计划2006年5月完成的当月工程量约为1 800万元，此时承包人获悉，法院在另一诉讼案中对发包人实施保全措施，查封了其办公场所；同月，承包人又获悉，发包人已经严重资不抵债。2006年5月3日，承包人向发包人发出书面通知，称“鉴于贵公司工程款支付能力严重不足，本公司决定暂时停止对本工程的施工，并愿意与贵公司协商解决后续事宜”。

引导问题 4:根据案例 3,回答以下问题。

(1)承包方停工仅向发包人发出书面通知,这样的停工手续是否完善?

(2)承包方的停工行为是否合法?为什么?

引导问题 5:施工中出现合同争议应该怎样处理?相关手续是什么?

资料链接 1

监理单位需要根据工程的实际情况填写工程临时延期报审表,如表 2-18 所示。

工程临时延期报审表　　表 2-18

工程临时延期报审表 表 B2-14(A15 监)		编号	
工程名称		日期	

致　　　　　　　　　　　　　　(监理单位):

根据合同条款　　条的规定,由于

的原因,申请工程延期,请批准。

工程延期的依据及工期计算:

合同竣工日期			
申请延长竣工日期			
附:证明材料			
施工单位名称		项目经理(签字)	

注:本表由施工单位填报,建设单位、监理单位、施工单位各存一份。

引导问题 6：根据资料链接 1 完成下列问题。

(1)工程临时延期报审表的报审程序是什么？

____

____

____

(2)工程临时延期报审表的资料要求是什么？

____

____

____

(3)确认工程临时延期的基本条件是什么？

____

____

____

引导问题 7：分包单位资格报审表的内容及填制的方法是什么？

____

____

____

____

四、任务评价

1. 完成表 2-19 的填写。

任务评价表 表 2-19

考核项目	分数			学生自评	小组互评	教师评价	小计
	差	中	好				
是否具备团队合作精神	1	3	5				
是否积极参与活动	1	3	5				
工作过程安排是否合理规范	2	10	18				
陈述是否完整、清晰	1	3	5				
是否正确灵活运用已学知识	2	6	10				
是否遵守劳动纪律	1	3	5				
此次合同管理资料内容的准备是否满足任务要求	2	4	6				
此次资料内容的收集是否准确	2	4	6				
总计	12	36	60				
教师签字：				年 月 日		得分	

2. 自我总结。

(1)完成此次任务过程中存在的主要问题有哪些?

(2)产生问题的原因有哪些?

(3)请提出相应的解决方法:

(4)你认为还需加强哪方面的指导(可从实际工作过程及理论知识方面考虑)?

五、拓展训练

某引水系统工程,承包人应业主的要求,于1996年2月开工。从1996年6月初至1996年8月底,大雨连绵。由于引水隧道经过断层和许多溶洞,地下水量大增,造成停工和设备淹没。经业主同意,承包人紧急从外省市调来排水设施,使工程中排水设施总量增加。承包人于1996年6月12日就增加的排水设施向业主提出索赔意向,9月15日正式提出索赔要求,索赔项目:被淹没的设备损失100万元;增加的排水设施费用60万元,合计160万元。

1. 承包人的索赔要求能否成立?为什么?

2. 本案例中,承包人提出索赔要求时,应向业主提供哪些索赔文件?请完成此类文件的收集并装订成册。

学习情境三　竣工阶段资料

一、任务描述

某建设单位准备投资约 6 700 万元人民币，建造一栋建筑面积约 40 000m^2 的购物中心。现在工程已完成工程准备和施工的全部程序。目前的任务是进行工程竣工文件的收集与归档。

二、学习目标

通过本学习任务的学习，你应当：

1. 能按照正确的方法和途径，作为不同方向的人员（监理方、甲方、乙方）针对同一个对象进行编制和收集竣工文件的相关资料；

2. 通过完成该任务，提出后续工作建议，完成自我评价，并提出改进意见。

三、任务实施

（一）任务引入

引导问题：现有某工程施工项目已完成工程准备和施工的全部程序，接下来需进行工程竣工质量和验收备案的相关资料的收集和归档。

1. 完成本次任务的前提条件是什么？

2. 竣工文件的编制涉及哪些资料？

3. 作为不同的对象，所收集的竣工文件有什么不同之处？

(二)学习准备

引导问题:竣工文件的编制与审订应从哪些方面进行知识准备?

提示:

(1)www. zhaobiao. gov. cn 中国建设招标网;
(2)www. zaojiashi. com 中国造价师考试网;
(3)《建筑工程资料管理规程》(JGJ/T 185—2009)。

(三)任务实施

引导问题1:竣工阶段的备案流程是什么?按时间分三方分别阐述。

资料链接1

工程项目工程概况表如表3-1所示。

工程概况表 表3-1

工程总造价(元)				
编号	工程名称	工程地点	工程类型	
建设单位名称	设计单位名称	施工单位名称	开工日期	竣工日期
结构类型	地耐力	抗震度	地下水位(m)	

工程特征		层数	层高(m)	面积(m^2)	总建筑面积(m^2)	占地面积(m^2)	外立面面积(m^2)	檐高(m)
	地下							
	裙房							
	塔楼							
	柱距/跨度(m)							

续上表

结构装饰特征	桩基	基础	柱	梁	板
	外墙体	内墙体	墙体保温	外墙面	内墙面
	天棚面	楼地面	屋面防水	门	窗

注:下列每个选项均留一个空白处,作为新增项

1. 工程地点选项。

2. 结构类型选项:

木结构、砖木结构、砖混结构、框架结构、剪力墙结构、框架—剪力墙结构、筒体结构、钢结构。

3. 工程类型组合选项。

预算时间选项为一个,结算时间选项为两个。

建筑工程二、三级选项:

停车场(车位)、超市、商场、办公楼、住宅(户数、主户型及面积)、别墅(独立别墅、联排别墅)、酒店(三星、四星、五星)、厂房(荷载)、图书馆、小学(班级数)、幼儿园(班级数)、中学(班级数)、大学(教学楼、实验楼、教学实验综合楼)、运动场、单身公寓、学生公寓、学生食堂、银行、医院(床位数)、博物馆、仓库、车站。

4. 工程特征:

对于无地下结构部分、无裙房部分的建筑物的有关数据均填写在“塔楼”一栏内,“柱距/跨度”一栏填写主要间隔,比如4.5×4.5等,厂房必须填写跨度。

5. 基础组合选项:

条形基础、独立基础、片筏基础、箱形基础、壳体基础、圆板基础、圆环基础。

6. 桩基选项:

预制钢筋混凝土桩、打拔钢板桩、打孔灌注混凝土桩、打孔灌注砂(碎石或砂石)桩、灰土挤密桩、人工挖孔桩、夯扩现场灌注混凝土桩、震动沉管灌注混凝土桩。

7. 内、外墙体选项:

多孔砖、加气混凝土块、页岩砖、灰砂砖。

8. 柱、梁、板选项(选主要标号或多选):

C15、C20、C25、C30、C35、C40、C45、C50混凝土强度。

9. 楼地面选项(选主要材料或多选):

水泥砂浆、水磨石、大理石、花岗岩、陶瓷锦砖、复合木地板、实木地板等面层材料。

10. 天棚选项(选主要材料或多选):

水泥砂浆、混合砂浆、胶合板、玻璃纤维板、塑料板、铝塑板、矿棉板、石膏板、防火板等面层材料。

11. 内墙面、外墙面选项(选主要材料或多选):

石灰砂浆、水泥砂浆、混合砂浆、水刷石、干粘石、斩假石、水磨石、拉条或甩毛、大理石、花岗岩、汉白玉、陶瓷锦砖、瓷砖、釉面砖。

12. 屋面选项(选主要材料或多选):

刚性屋面、柔性屋面(卷材、涂膜)。

13. 门、窗选项(选主要材料或多选):

木门窗、塑钢门窗、金属门窗、彩铝门窗、断桥隔热门窗。

引导问题2:阅读资料链接1,以四川交通职业技术学院第4实训楼为例填写表3-1。

引导问题3:怎样确定建筑工程质量验收的划分?

引导问题4:竣工文件由几部分组成?由哪方人员编制?主要内容有哪些?

资料链接2

新增中央投资项目竣工验收报告

一、概述

××××××××股份有限公司××××××××××节能改造项目位于××××××××(地理位置)。项目建设面积××××m^2,总投资××××××万元。建设内容为××××××××××(按备案证或核准证填写)。建设规模为××××××××××(按备案证或核准证填写)。

本项目的建设执行标准为《皂素工业水污染物排放标准》(GB 20426—2006)中二级标准、《工业企业厂界噪声排放标准》(GB 12348—2008)中II类、III类标准以及建设项目有关节能的标准和机械设备制造相关标准。

项目中涉及的××××××(核心技术、主要设备设施)由××××××××股份有限公司自行设计制造,设备制作安装经该公司设备能源动力部与设备使用部门验收,达到了生产技术要求。土建施工由该公司下属的建安建筑工程公司建设,各项指标达到了建筑工程相关标准。

该项目计划实施日期为2008年9月至2009年12月,实际实施日期为2008年9月至2009年7月,比计划日期提前完工。

××××××××股份有限公司实施的"×××××××××节能改造项目"是我公司在行业文献和同行业先进企业的启发下,自主研发的节能技术改造项目。该项目是以"全自动控制的××××××工艺"为基础,以××××机为主体设备,以××××为模具制作材料的新型半成品成型工艺、设备。该项目取代了部分××××工艺、设备。

项目自2007年3月开始进行技术咨询及研讨,并制造了样机,取得了较好的初步试验结果。2007年10月,公司设备能源动力部在样机的基础上优化了设备结构和工艺设计,形成了成熟的设计方案,并得到董事会的支持。2008年1月,公司董事会作出实施改造决议,责成设备能源动力部主持该项目的一切工作。2008年8月,改造工作开始启动,在公司下属×分厂首先制作安装了第一台样机。在详细测算了节能量之后,向××区发改局、环保局提出了项目改造实施申请;2008 年 9 月,项目的主体设备预制工作全面展开。2008 年 9 月 23 日,公司取得了××区发改局《河北省固定资产投资项目备案证》(×发改投资备字[2008]45 号),2008 年 10 月 6 日得到环保局对该项目环境影响报告表的批复意见(×环表[2008]061 号),即向主管部门逐级递交了《节能技术改造财政奖励资金申请报告》,同时,委托河北省节能监察检测中心对项目的节能量进行了核定。

由于该项目节能效果明显,而且能够有效减少污染物的排放量,受到各级政府行政主管部门的高度重视,项目被列为 2008 年中央投资项目。

为了保证企业生产和项目实施的稳步进行,该项目采取以分厂、成型车间为改造单元,每一单元的××××设备系统安装完成,试机并交付使用后,就进行下一单元的改造。其间,除了液压系统、电控装置等标准设备需要外购以外,包括设备主体在内的其余设施均采取进购原料,自行制作安装的方式。

下属×分厂投入使用的水箱成型机,节能效果显著。因此,公司加大改造力度。由于改造的准备工作充分,制作车间在工作中不断总结经验,加快了非标设备制作和整体安装速度,所以该项目得以提前完成。到 2009 年 7 月底,该项目完成了全部改造计划,20 台高压成型机全部投入使用。

二、项目建设管理情况

1. 投资管理情况。

该项目总投资××××××万元,其中中央投资×××××万元,××××××股份有限公司自筹××××××万元。项目中××××××股份有限公司自筹资金于 2009 年 7 月 30 日前按时到位,中央投资的资金于 2009 年 9 月 3 日到位,且全部用于该项目的建设。

由于该项目以分厂为单位实施,各分厂所在注册公司设有专门账目,整体项目的账目由各分公司转入,入账手续及凭证完整,支出结构合理。

按照投资管理办法,发改委对该项目出具备案证后,不存在概算核准等其他问题。

2. 项目变更管理:该项目在实施过程中未发生任何变更。

3. 施工和设备到位情况。

项目所涉及的×××××××机在投入使用前已经过×××××××股份有限公司设备能源动力部与设备使用部门对制作安装、试运行情况进行了验收,并做了详细记录。

4. 法律、法规执行情况。

该项目本身属节能减排项目,项目涉及的××××××工艺较××××工艺,消除了××××过程带来的能源消耗和干燥设备造成的废气、废水、固废排放;设备设计制作并配置了可靠的安全连锁保险装置,可有效预防人身、设备事故的发生。

5. 投入使用情况。

本项目是企业内部技术改造与节能改造项目,不涉及内部组织机构建立和人力资源变动以及生产物资准备等事宜。

6. 竣工决算情况。

本项目分期分批且由公司内部单位负责实施,无总体竣工决算。

7. 档案资料情况。

该项目的实施经过了公司董事会会议决策,并形成决议;公司设备能源动力部制订了详细的项目计划书;委托河北省建筑材料工业设计研究院编制了可行性研究报告(工程号:2008 年

8 月 404)，同时向项目审批部门提交了项目简介和项目建议书；河北省节能监察检测中心于2008 年 10 月 8 日出具了该项目的节能量核定报告；2008 年 9 月 23 日取得了××区发改局《河北省固定资产投资项目备案证》(×发改投资备字[2008]45 号)，2008 年 10 月 6 日得到环保局对该项目环境影响报告表的批复意见(×环表[2008]061 号)。××区发展改革局于2009 年 5 月 8 日下达本项目投资计划文件(×发改计划[2009]5 号)及转发的××市发展和改革委员会《×发改政[2009]244 号》文件。

由于该项目涉及的核心技术为×××××××股份有限公司技术人员自主研发，项目的主体设备制作、工艺布置、设备安装、自动化程序编程等涉及技术机密，不宜公开，经公司董事会决定由内部单位负责实施，因此对项目不能进行公开招投标和委托监理，且不存在合同问题。

该项目改造地点在原厂区生产车间内，不存在新征占地问题，原车间已取得合法土地手续，土地证号：××国用(2000)字第×××号。

根据项目的建设性质，规划部门对企业设备改造项目不用出具任何证明文件。

为保证项目实施，××××××股份有限公司与××区人民政府签订了《××市××区扩大内需中央投资“××××节能改造项目”建设实施工作责任书》。

项目涉及的主体设备在投入使用前已经过××××股份有限公司设备能源动力部与设备使用部门对制作安装、试运行情况进行了验收，并填写了《设备安装验收记录表》。

项目实施过程中，设备能源动力部每月跟踪实施情况，并编制实施情况报告；定期向上级主管部门报送项目进度表及相关报表材料。

项目完成后，×××股份有限公司及时对实施情况进行了总结，对节能情况进行了自评，并编制出了自评报告。

××××年×月，国家审计署对该项目进行了审计，对项目实施情况、项目资金与中央投资利用情况以及项目节能量进行了确认，投资到位情况和节能量得到了审核组认可。

××××年×月××日，该项目通过了治理工程建设领域突出问题工作领导小组审查。

以上档案资料齐备。

附竣工验收委员会人员名单(会签)。

引导问题 5：阅读资料链接 2，完成下列问题。

(1)竣工验收报告由哪方人员填写？填写此报告前后的具体工作应该是什么？

______

______

______

______

______

(2)分析竣工验收报告涉及的具体内容有哪些？

______

______

______

______

______

资料链接 3

图 3-1 为房屋竣工平面图。

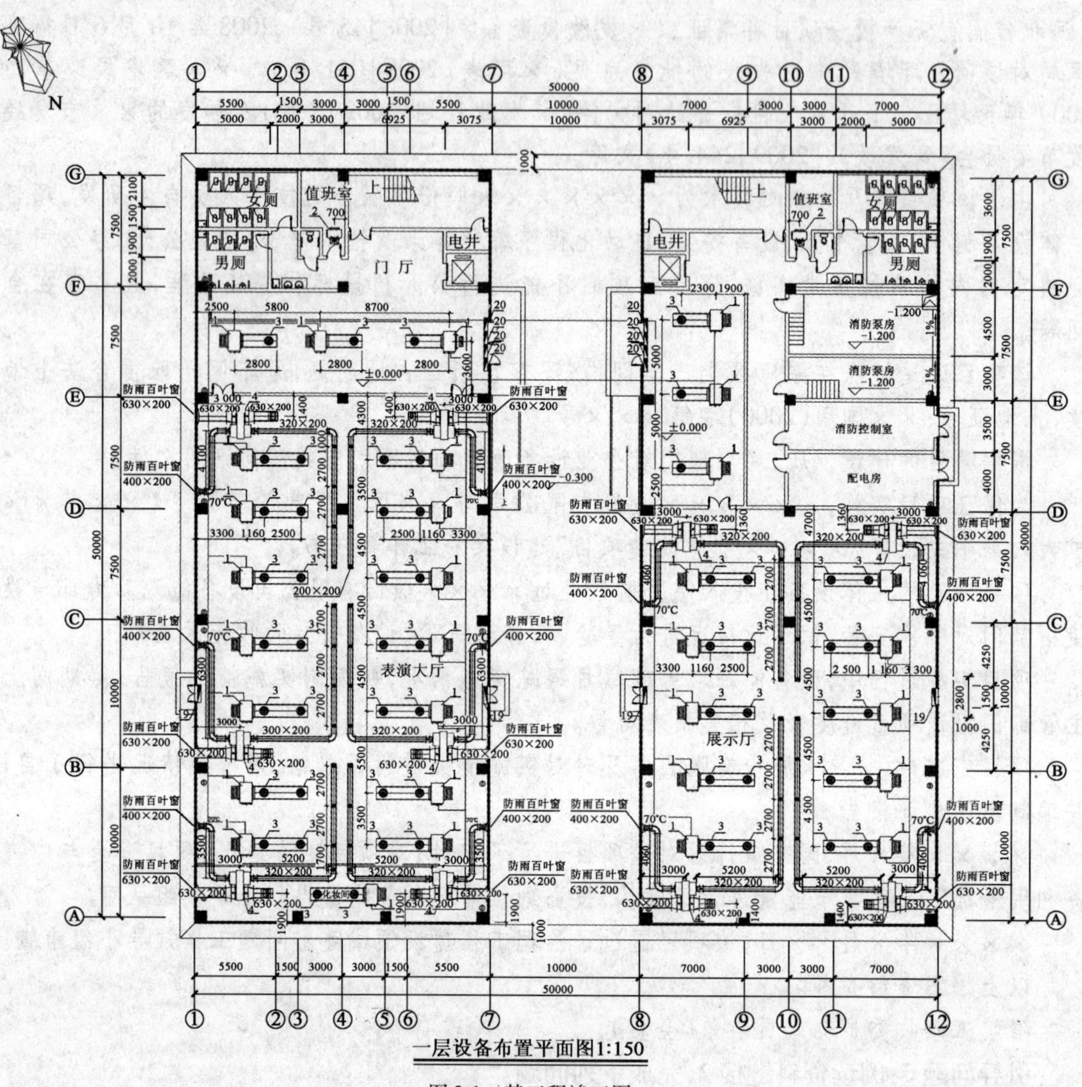

图 3-1　某工程竣工图

引导问题 6:阅读资料链接 3,完成下列问题。

(1)竣工图的定义是什么?竣工图由哪方人员绘制?绘制前后的具体工作应该是什么?

(2)竣工图的编制方法和要求是什么?

(3)竣工图涉及的具体内容有哪些？

资料链接 4

建筑工程竣工验收备案表如表 3-2 所示。

××市建筑工程竣工验收备案表 表 3-2

<table>
<tr><td colspan="2">建设单位名称</td><td colspan="3"></td></tr>
<tr><td colspan="2">备案日期</td><td colspan="3"></td></tr>
<tr><td colspan="2">工程名称</td><td colspan="3"></td></tr>
<tr><td colspan="2">工程地点</td><td colspan="3"></td></tr>
<tr><td colspan="2">建筑面积(m^2)</td><td colspan="3"></td></tr>
<tr><td colspan="2">结构类型</td><td colspan="3"></td></tr>
<tr><td colspan="2">工程用途</td><td colspan="3"></td></tr>
<tr><td colspan="2">开工日期</td><td colspan="3"></td></tr>
<tr><td colspan="2">竣工验收日期</td><td colspan="3"></td></tr>
<tr><td colspan="2">施工许可证号</td><td colspan="3"></td></tr>
<tr><td colspan="2">施工图审查意见</td><td colspan="3"></td></tr>
<tr><td colspan="2">勘察单位名称</td><td></td><td>资质等级</td><td></td></tr>
<tr><td colspan="2">设计单位名称</td><td></td><td>资质等级</td><td></td></tr>
<tr><td colspan="2">施工单位名称</td><td></td><td>资质等级</td><td></td></tr>
<tr><td colspan="2">监理单位名称</td><td></td><td>资质等级</td><td></td></tr>
<tr><td colspan="2">工程质量监督机构名称</td><td colspan="3"></td></tr>
<tr><td rowspan="5">竣工验收意见</td><td>勘察单位意见</td><td colspan="3">单位(项目)负责人：
(公章)
年 月 日</td></tr>
<tr><td>设计单位意见</td><td colspan="3">单位(项目)负责人：
(公章)
年 月 日</td></tr>
<tr><td>施工单位意见</td><td colspan="3">单位(项目)负责人：
(公章)
年 月 日</td></tr>
<tr><td>监理单位意见</td><td colspan="3">总监理工程师：
(公章)
年 月 日</td></tr>
<tr><td>建设单位意见</td><td colspan="3">单位(项目)负责人：
(公章)
年 月 日</td></tr>
</table>

续上表

<table>
<tr><td>工程竣工验收备案文件目录</td><td colspan="3">(1)工程竣工验收备案表;
(2)工程竣工验收报告(建设单位起草);
(3)工程施工许可证;
(4)施工图设计文件审查意见;
(5)工程竣工报告(施工单位起草);
(6)工程质量评估报告(监理单位起草);
(7)单位工程综合验收记录表;
(8)建筑工程竣工验收会签表;
(9)市政基础设施的有关质量检测和功能性试验资料;
(10)规划、公安消防、环保等部门出具的认可文件或准许使用文件;
(11)施工单位签署的工程质量保修书;
(12)商品住宅的《住宅质量保证书》和《住宅使用说明书》;
(13)法规、规章规定必须提供的其他文件</td></tr>
<tr><td>备案意见</td><td colspan="3">该工程的竣工验收备案文件已于　　年　　月　　日收讫,文件齐全
(公章)
年　　月　　日</td></tr>
<tr><td>备案机关负责人</td><td></td><td>备案经手人</td><td></td></tr>
<tr><td colspan="4">备案机关处理意见:
(公章)
年　　月　　日</td></tr>
</table>

引导问题7:阅读资料链接4,完成下列问题。

(1)什么是竣工验收备案?填写竣工验收备案表时,具体填写要求是什么?

(2)分析竣工备案文件编制涉及哪些部门和哪些阶段?

引导问题8:如果工程验收存在问题应怎样按具体程序处理?还需要增加哪些文件?

引导问题 9:根据竣工验收资料收集和整理的学习,完成下列练习。

(1)在工程竣工资料的组卷时,第三册是(　　)。

A. 单位(子单位)工程安全与功能检验资料核查及主要功能抽查资料

B. 单位(子单位)工程质量控制资料核查记录

C. 单位(子单位)工程质量验收资料

D. 单位(子单位)工程施工技术管理资料

(2)备案机关收到建设单位报送的竣工验收备案文件以及(　　)提交的工程质量监督报告后,验证文件是否齐全,审查后决定是否同意备案。

A. 监理单位　　B. 建设单位　　C. 工程质量监督机构　　D. 施工单位

(3)资料员在竣工验收阶段的工作内容有(　　)。

A. 报开工报告、填报工程开工报审表、填写开工通知单

B. 工程竣工资料的组卷幕

C. 资料归档[提交城建档案馆(室)]

D. 写施工日记

E. 编制施工组织设计

(4)以下不属于工程竣工验收备案应当提交的文件是(　　)。

A. 工程竣工验收备案表　　B. 工程竣工验收报告

C. 施工单位签署的工程质量保修书　　D. 监理合同

(5)以下属于施工过程中施工单位参与的工作有(　　)。

A. 施工组织准备

B. 接受质量监督机构的工作质量抽查

C. 参与工程质量验收

D. 接受监理单位、建设单位的日常质量监督检查

E. 对工程质量达不到合格标准的,认真进行质量整改。

四、任务评价

1. 完成表 3-3 的填写。

任务评价表　　表 3-3

考核项目	分数			学生自评	小组互评	教师评价	小计
	差	中	好				
是否具备团队合作精神	1	3	5				
是否积极参与活动	1	3	5				
工作过程安排是否合理规范	2	10	18				
陈述是否完整、清晰	1	3	5				
是否正确灵活运用已学知识	2	6	10				
是否遵守劳动纪律	1	3	5				
此次竣工过程资料内容的准备是否满足任务要求	2	4	6				
此次资料内容的收集是否准确	2	4	6				
总计	12	36	60				
教师签字:				年　月　日		得分	

2. 自我总结。

(1)完成此次任务过程中存在的主要问题有哪些?

(2)产生问题的原因有哪些?

(3)请提出相应的解决方法:

(4)你认为还需加强哪方面的指导(可从实际工作过程及理论知识方面考虑)?

五、拓展训练

根据案例1,请就四川交通职业技术学院第4实训楼竣工情况进行竣工验收报告的编制。

参 考 文 献

[1] 中华人民共和国建设部. GB/T 50328—2001 建筑工程文件归档整理规范[S]. 北京:中国建筑工业出版社,2002.

[2] 中华人民共和国建设部. GB 50202—2002 建筑地基基础工程施工质量验收规范[S]. 北京:中国计划出版社,2004.

[3] 中华人民共和国建设部. GB 50203—2002 砌体工程施工质量验收规范[S]. 北京:中国建筑工业出版社,2004.

[4] 中华人民共和国建设部. GB 50204—2002 混凝土结构工程施工质量验收规范[S]. 北京:中国建筑工业出版社,2002.

[5] 中华人民共和国建设部. GB 50207—2002 屋面工程质量验收规范[S]. 北京:中国建筑工业出版社,2002.

[6] 中华人民共和国建设部. GB 50208—2002 地下防水工程质量及验收规范[S]. 北京:中国建筑工业出版社,2002.

[7] 中华人民共和国建设部. GB 50209—2002 建筑地面工程施工质量验收规范[S]. 北京:中国计划出版社,2002.

[8] 中华人民共和国建设部. GB 50210—2001 建筑装饰装修工程质量验收规范[S]. 北京:中国标准出版社,2001.

[9] 北京市建设委员会,北京市规划委员会. DBJ 01-51—2003 北京市地方标准建筑工程资料管理规程[S].

[10] 中华人民共和国建设部. GB 50319—2000 建筑工程监理规范[S]. 北京:中国建筑工业出版社,2000.